JN438626

사람은
사람이다

김남곤 시선집

사람은 사람이다

인쇄 2013년 3월 15일
발행 2013년 3월 20일
재판 2013년 4월 25일

지은이 김남곤
발행인 서정환
발행처 신아출판사

출판등록 1984년 8월 17일 28호
주소 전주시 완산구 태평동 251-30
전화 (063)275-4000, 252-5633
팩스 (063)274-3131
메일 sina321@hanmail.net

값 12,000원

ISBN 978-89-98524-29-6 03810

※ 저자와 합의하여 인지는 생략합니다.
※ 잘못된 책은 바꿔드립니다.

「이 도서의 국립중앙도서관 출판시도서목록(CIP)은 서지정보유통지원시스템 홈페이지(http://seoji.nl.go.kr)와 국가자료공동목록시스템(http://www.nl.go.kr/kolisnet)에서 이용하실 수 있습니다.
(CIP제어번호: CIP2013001289)」

사람은 사람이다

김 남 곤 시선집

신아출판사

| 自 序 |

사람은 사람이다
사람은 사람이다
사람은 사람이다.

세 번만 입을 달싹거려 보십시오. 분명 사람은 사람입니다. 사람이 다른 무엇이겠습니까.

퍽 먼 길을 걸어왔습니다.
많은 사람들과 손을 잡고 동행하면서 사람인 사람들을 만났습니다. 인간적인 삶의 가치를 추구하는 지순하기 그지없는 행렬들이었습니다.

그 길에 비도 내리고 바람도 불고 눈보라도 쳤습니다.
정의롭게 살기위해 고뇌하는 눈물을 보고 눈물이 났습니다.

시가 울었습니다. 울면서도 주먹을 쥐었습니다.
주먹은 차돌이 되었습니다.

최근의 시 몇 편을 모으고 거기에 제 1시집〈헛짚어 살다가〉와 제 2시집 〈푸새 한마당〉에서 몇 작품씩을 골라 잡았습니다. 제 3시집〈새벽길 떠날 때〉와 제 4시집〈녹두꽃 한 채반〉은 다음 기회가 있을지 몰라 뒤로 밀쳐 놓았다가 에라 그냥 묶기로 했습니다.

어두운 길에서도 부시로 차돌을 치면 사람 같은 사람이 보일 것입니다. 반갑게 어깨 두드리며 물으면 그대 같은 사람이라고 대답할 겁니다.

그걸 믿고 살았습니다. 고개 숙여 감사드립니다.

2013. 3. 15.

전주에서 김남곤 金南坤

차례

하나 · 날선 부싯돌로 남아서

둘 · 국밥이라도 떠먹고 사는지

셋 · 묵은 낫 하나 얻으러 갔다가

넷 · 굴절의 양심도 겹쳐 보면서

다섯 · 한 세상 다가도록 우리는

여섯 · 달밤에 소쩍새도 울겠지

일곱 · 빚 얻고 가던 날 눈물도 기쁘다

여덟 · 어머니, 제 방식대로입니다

아홉 · 사회부 · 3 · 4 · 6

하나

날선 부싯돌로 남아서

폐석廢石
유천리柳川里 사금파리
질마재 봄날
아버지의 의자
심포深浦에서
불 구경
분가分家
별의 집
라대곤羅大坤님의 밥상
두 사람
낙엽 귀로
가랑잎 셋이서
어머니의 숟가락
덕지리德地里 가는 길
금암상가아파트에딸린머리깎는집
하마비下馬碑

폐석廢石

어디로든 돌아가서
피삭은 육신을 편안하게
눕히고 싶다네
흔들리는 어느 지각의 틈새에 끼어
메마른 강둑을 막아줄 수나 있겠는가
해머소리는 멈췄네
적막하네
이제는 삶에 지친 누군가의 주머니 속
날선 부싯돌로 남아서
들불을 일으켜 줄 격정의 언약도
빈말이 되고 말았다네
그렇다네
이 세상 껍데기들은 모두
거푸집처럼 형상을 짓고 살다가
헐어지고 찌그러지고 그림자마저 없어지는 것
지금쯤 나를 아프게 찢고 부화된 새 한 마리는
어느 숲길을 잘도 날고 있는지
오늘은 차디찬 빗줄기만 내리치네
어디 들어설 처마 밑도 없다네
몇 세월 그렇게 눈물 짓다보면 돌꽃도 피겠지.

유천리柳川里* 사금파리

처음 만났을 때
너는 눈인사도 주지 않았다

뼈마디가 시퍼렇게 날선 성깔을
오랜 세월 무엇이 다독거려 주었는지 나는 몰라도 좋다
그날 일진日辰이 사나워서 그랬지 두고두고 가문의 빛을
누릴 뻔 했던 너,
뻘건 황토밭머리에 주저앉아 상기도 골품骨品행세를 하고 있는
너, 불가마속 비색의 꿈을 끌어안고 허공을 쪼는 너, 진주알 같
은 땀 몇 방울을 훔치며 하늘 문을 밀치고 나올 때 가슴 쥐어뜯
던 건들바람이 한스런 너, 그 순간 네 영혼은 천지가 들썩이게
땅바닥을 쳤다는 사실을 기억해야 한다

오늘은 일그러진 피붙이들이 모여
지존至尊의 몸을 지탱할 의족 하나씩을
짜 맞추려는 궁리를 하고 있는지 세상의 귀가 다 먹먹하구나.

---

* 유천리柳川里 : 부안 청자도요지

질마재 봄날

미산未山*과 함께
두견이 목젖이 헐어 미치게도 울어 쌓는
질마재 진달래밭에 갔다

8할이 바람이라던 미당未堂형보다
2할을 더 키워
10할이 바람이라는 동생 우하又下**를 만나
뜬세상 빚 갚아주고 다닌다는
이야기를 써늘하게 들었다

어둑한 안방에는
나들이 양복 한 벌이
헐렁하게 걸려있고
아직도 봄이 뒷짐을 지고 있어
전기난로가 벌건했다

가져갈 것이라고는
고목진 시심詩心하나 밖에 없는데

문고리엔 소요산 들개 불알만한
자물통이
이를 악물고 있다.

---

* 미산未山 : 송하선 시인
** 우하又下 : 고창 서정태 시인

아버지의 의자

의자는 때때로 다리가 짧았다 길었다
한참을 그랬다
발가락도 저항을 늦추고 문드러졌다
손을 내밀면 막춤을 추듯 기우뚱거리는 게 일사였다
가시 박힌 아버지의 체중이
짓눌러 바순 기형이 아니라
빚장 질린 아버지의
하늘문과
땅의 사립문 사이
어느 틈새 하나 비집고 날 수 없는
한숨 소리가 삭힌 아픔이었다

의자는 그 신음을 한입에 물고
숨결이 조일대로 조인
아버지의 삶의 뿔을
순하게 쓰다듬으며 살기로 작정했다

아버지는 아버지대로
헐거워진 의자의 각을 세워 붙잡고

의자는 힘다리 없는 아버지에게
미동도 못하게 붙들린 채
한 생을 그렇게
낮꽃 낫낫한 종소리로 견디다가 갔다.

심포深浦에서

오랜 멀미 끝에
흙을 밟고 올라선 어선들은
주섬주섬 신발부터 챙겼습니다

물길 천리
발이 갯솜처럼 부르터서
맞는 치수라곤 하나도 없었습니다

눈을 씻고 봐도
폐선표廢船標 신발은 더구나
코딱지만한 것도 보이지 않았습니다.

불 구경
—단풍은 커녕

문수사文殊寺 가는 길에 산불이 나서
하늘도 활활 삼키는
산불이 나서
나무는
나무는 눈감고 다비茶毘에 들고
산새들은
산짐승들은
알록달록 불먹어 떼울음 울며
날아가는가 기어가는가
천리 밖으로 몸을 사려도
눈 하나 꿈쩍 않는 스님들의
저 허심한 불구경.

분가分家

어머니가 살점 한 덩이를
뚝 떼어 낼 때
가을은 무서리가 내리고 있었다
수저 두 벌이
각설이 장단으로 따라 나섰고
짐은 보잘 것 없어 남세스러웠지만
수레는 무거웠다
동구밖에 빨래줄처럼 늘어선
이웃 사람들이
생전에 잘잘못을 가려 볼 수도 있다는 듯이
손을 흔들어 주었다
그게 무슨 뜻이었는지
시린 손등에 저승꽃이 무지무지 핀
늘그막에서야 그것도
토끼똥만큼 알 것 같아
모두에게 면괴스러울 뿐이다.

별의 집

조각가 김오성 씨는
별의 집 훈장이시다
밤마다 달려오는 별들에게
가난한 집 아이들의 이름 하나씩을
푸른 눈빛 깊숙이 심어주신다

개똥쇠 쇠돌이 언년이
외진 산골 종소리보다 더욱 예쁘게
댕그랑거리는 아이들아
긴긴 은하수 물소리보다 더욱 곱게
찰찰거리는 아이들아
홀딱 반해버린 저 별들을 보아라

개똥쇠별 쇠돌이별 언년이별
별 별 별을 꽁무니에 몰래 붙이고
별천지를 누비러
쏜살 같이 내닫는구나

별의 집 훈장님은

밤마다 별들과 눈맞추러 오는
가슴 뛰는 아이들의 이름표를 위해
기웃거리는 창문밑에 높다랗게
디딤돌 하나씩을 더 놓으신단다.

라대곤羅大坤님의 밥상
—말없이 겸상을 하던 날

오랜만에 바닷가에 앉아
말없이 겸상을 했다
숟가락을 들었다가 놓았다가
내가 그렇게 따라했다
어느 한 구석 입맛 누릴 혀끝 자리가 없었다
그래도 밥상은 그릇과 그릇 사이
자그락거리는 소리 하나 없이
이를 잘 맞춰주었다

언 땅을 밀치고 일어서려는
민들레 꽃기운을 길 가던 바람이
저렇듯 눈이 시리게 걸음 멈추고
다독거려 등 밀어줄 수 있을까

피 되고 실 되거라, 가슴 깊이 우려내주는
아픈 낱말 몇 개가 보석처럼 웃고 있어
눈물이 났다

오랜만에 바닷가에서 그와

말없이 겸상을 했다
나도 덩달아 놓았다가 들었다가
떨리는 숟가락을 응시하며
자꾸만 고맙다는 절을 하고 싶었다.

두 사람

한 사람은
아직 갈 길이 멀리 남아있다고 하고
한 사람은
갈 길이 얼마 남지 않았다고 하고
느긋한 사람과 조급한 사람이
외길을 티격태격 걸어가고 있었습니다

해가 서산머리를
지지고 볶기 시작하자
느긋한 사람은
어디 들 곳을 찾아 기웃거렸고
조급한 사람은
신발을 벗어들고 비호처럼 사라졌습니다

먼 훗날
두 사람은
생판 모르는 남남으로 만났습니다.

낙엽 귀로

가을비가
낙엽을 줄줄이 밀고 가더니
허름한 담장 밑에 쭈그려 앉힌다
무슨 수작이란가
제 갈길 놔두면
하늘 땅 눈치 볼 것 없이
구르다가 무릎 깨어지면 깨어진 대로 울고
구르다가 무릎 해어지면 해어진 대로 떨고
정 못 주고 가는 정 남아 있으면
배 주린 사람 만나 가진 집 문전 가리켜 주고
어디 가느냐 묻는 사람 만나면 저승길 손짓해 주고
이승살이 제 허물
개 못 주고 가는가 뒤돌아도 보고

그래 그래 낙엽이
그러고 그러고 그러라고 했다.

가랑잎 셋이서

저런
어디서 왔니
언제쯤이나 얼굴 내밀까
눈 빠지게 기다렸었겠구나
밤새 12층 아파트 계단까지
손 시리고 발 시리고
올라오느라 죽을 똥을 쌌겠구나
힘 부쳐 무릎 깨지지나 않았느냐
좀 더 일찍 현관문을 밀쳐볼걸
이불속에서 꾸물거리느라 미안하구나
누가 언니니?
셋째 코가 더 빨개졌구나

엄니가 눈물 머금고 손 놓을 때
가진이네 할아버지 집 찾아가 똑똑똑… 하라고
큰 애야, 그렇게 가르쳐주지 않았더냐

안쓰러운 것들.

어머니의 숟가락

어머니의 숟가락은 끼니 때만 되면 아픈 분할을 시작했다
그 때마다 손가락 끝에선 바람이 비벼가는
가느다란 단소 소리가 들렸다
그 떨리는 주먹을 무슨 깃발 하나가 감아서 서럽게 다독였다
깃발은 눈물 묻어 축축했지만 빛나보였다
그 주먹이 더 이상 분할을 시도할 수 없었을 때쯤
어머니의 숟가락은
끝 모를 영역으로부터 청녹이 슬기 시작했다

하늘빛 하고도 바꿀 수 없는.

덕지리德地里 가는 길

여름 한낮
호젓한 산모롱이
시뻘건 산딸기가
혀 빼문 여우처럼 무서웠다
가다가 정신 놓치면
거창居昌으로 빠진다는
주막집 주모가
손가락 끝으로 길 아닌 길을
요술쟁이처럼 짚어 주었다
냉수 한 사발에
눈물 떨어져 그냥 서럽던
낯선 스물한 살
내가 나를 착하게 몰고 가던
멀고먼 덕지리德地里*.

* 덕지리 : 무주군 무풍면에 있는 마을

금암상가아파트에딸린머리깎는집

'만종' 소리가 멀리 떨어져 나간지는
이미 오래다
그래도 아직까지 면도밥은
헌 신문지 조각이 먹고 산다

어느 날 물어물어 진동규 시인이
찾아가서
김아무개 시인과 똑같은 머리채에
긴긴 강물소리를 얹어 달라고 했다

금암상가아파트에딸린머리깎는집 아저씨가
가위를 쳐들며 그랬다

"두상이 그 두상이 아닌디"라고.

하마비下馬碑

경기전 앞에서
말을 내려
절을 합니다

옷깃을 여몄는지
뒤늦게사
손이 갑니다

전하殿下가 안보셔도
보시는 것보다 더
무섭습니다.

둘

국밥이라도 떠먹고 사는지

아들아

임진강臨津江가에
너를 두고 온 날 밤
그 곳이
조국祖國의 허리 어디쯤인가
작은 지도 한장을 펴 놓고
손가락 끝에 힘을 주어
펄펄 끓는 너의 정수리를 짚는다
그 순간
너는 깨알처럼 숨고 없어도
산천山川이 우우우… 소리치며
단전丹田 호흡을 한다

눈보라 속
칼바람 꺾어
불기둥으로 다듬어진 너

감히 너라고 부르랴
이 땅의 아들아.

사회부 · 5

떡잎들이 흔들린다
바람도 불지 않았는데
떡잎들이 미리 겁을 집어먹고 흔들린다
떡잎들이 울먹인다
누가 뭐라 하지도 않았는데
떡잎들이 미리 겁을 집어먹고 울먹인다
둥그런 하늘과 네모난 땅에 갇혀
잘보이지도 않는 바깥 풍경이 그리워
때 묻은 유리창을 닦다가 말고
갑자기 어머니가 보고 싶어 눈물을 훔친다
눈앞에 집채 같은 파도가 밀려오고
길은 어디론가 안개 속으로 사라지고
잡아줄 것만 같은 수 많은 손들은
장막 뒤로 깊이 가려지고
나침반 하나 들고 거센 바다 달려오는
키 큰 T선생의 발걸음도 휘청거린다
떡잎들도 덩달아 기우뚱거리고
떡잎들도 덩달아 비치적거리고
저기 누군가가 혼불처럼 달려온다

어머니가 바람의 이마를 들이받고 포복하듯
스카프를 펄럭이며 교문안으로 빨려 들어온다
오늘 아침 현관 앞에 뿌리치고 내뺀
도시락이 짐이다 짐이 어머니이다
도시락이 힘이다 힘이 어머니이다

어디서 나타났는지 사진기자가
어머니의 상기된 얼굴을 피사체 밖으로 지우고
나풀거리는 예쁜 스카프만 담아갔다.

공허空虛

도시가 자꾸만 짜부라져 간다고
아무짝에도 쓸모가 없어져 간다고
그 많던 사람들은 어디로 사라져 갔느냐고
어디로 가서 고깔도 없는 머리 두르고
국밥이라도 한술 떠먹고 사느냐고
밤이면 시원찮은 등불 하나 걸어두고
소식 없이 잠적한 사촌 이야기로
우울한 판에
먼데서는 수캐가 수상쩍게 짖어대고
별똥이 하나 둘 찍하고 떨어지고
잠은 좀처럼 오지 않고.

노매老梅

전주全州 경기전 한 켠에
노매老梅 할아버지 한 분 쇠꼬챙이처럼 사신다
성가시고 군시러운 것들
죄다 떨쳐버리고
어디 숨겨 놓았는지
겨우 숨구멍 하나 비워 두고
코 비비며 사신다
어느 세월을 더 버티시겠느냐고
섭섭해 하는 사람들 더러 있어도
하늘이 흙 한옹큼 떠서
어느 날 모시고 가지 않는 한
쇠심줄 같은 심지가 아직도 무섭다
어쩌면 노매老梅 할아버지는
몇 봄은 더 그렇게 웃고 사시다가
더러 남은 웃음 있으시면
푸른 달밤 경기전 뜰 앞에 내다 파시며
별의 귀에다 대고 별 별 걱정들을 다 한다고
피식 웃으실지도 모른다.

팽나무집 고추밭

어머니는
돌덩이 같은 마당을 헐어
고운 잔디밭 한자락을 펴놓고 가셨다
한 여름이면 방아깨비가
어머니의 고역을 흉내라도 내듯
보리방아를 찧고 새끼를 쳤다
어느 날 아내는 어머니에게 사전 귀띔도 없이
잔디밭을 무단철거
고추밭 한 뙈기를 근사하게 차렸다
날마다 생고추는
붉으락푸르락 성깔을 부리며
주렁주렁 약이 차 올랐다
오늘도 아내는 어머니에게
늘 사는 방식이 야무지지 못한 애비에겐
잔디밭보다 매운 고추밭이 진짜 약이 될거라고
그렇게 아뢰고 있을지도 모른다.

11월의 군상

친구여
늦가을 찬비가 발끝을 적시던 날
벌건 국밥집을 찾아가는
서리까마귀 같은
굼뜬 군상들을 보았는가

어떻던가
낙엽 한 주먹씩을
불쏘시개 삼아 싸들고 가는 모습이
된서리 맞은 능구리
햇볕 줍는 형용 닮지 않았던가

돌아다보면 누구 하나
손잡아 줄 사람도 없는
그런 사람 없어 쓸쓸하다가도
되집어 보면 서운할 것도 하나 없는
너 나 없이 모두 다 외로움에 이골난 사람

친구여
진양조 걸음걸이로
신발 질질 끌고 가는
11월의 궁벽 저 멀리
군상들이 부르는 혀굽은 피리소리 들리지 않던가.

삽이 나에게

흙 다룰 일만 생겨나면
이웃집 당숙네 헛간으로 달려가서
여기저기 거미줄에 목을 걸며 뒤졌다
삽은 시름시름 몸살을 앓다가도
빛나게 삭아내린 삭신을 일으켜
싹싹하게 나를 잘 따라 주었다
연장 잡는 손이 옹골지지 않아
으레 버긋나긴 했어도
흙살 밑으로 흙살을 더욱 깊이 파서
내 묵정밭을 눈물나게 일굴 때마다
삽은 흰 이빨을
살짝살짝 드러내며
수줍은 안사돈처럼 웃었다
대견스러워 웃는 게 아니라
평생을 삽 하나 못 부려먹을
이 세상 머저리라며
기가차게 웃었다.

안국사安國寺에서

주지스님은 산문을 밀치고 나가셔서
며칠째 소식이 없으시다
그러시든 말든 재월스님은
웅크린 황소만한 쑥독 속에
산도라지빛 하늘을 내려놓으시고
희디흰 수련 한 송이를
어여삐 웃기신다
그 사이 키가 닷자나 자란
천불님들이
어깨 짜고 가지런히 법당에 내려오셔서
망사 같은 햇자락을
한겹씩 붙잡아 걸치시고
쑥스럽게 어디 가시는가
재월스님은 부산나케
문지방을 넘나들며
천 리나 만 리나 그 행적을 능히 살피시는지
웃으랴 말랴
눈길도 주지 않으신다.

뿔

유년의 마을에 살다 간
찌러기 소 한 마리는
콧대가 쇠말뚝처럼 드세서
코청에 박힌 코뚜레가 늘 불먹어 삭았다
죽기보다 더 싫은 거부의 밧줄이
온 마을을 몇 바퀴씩
친친 감아 옥죌 때
담 너머 찌러기 소 등허리 위로
찬물이 한 바가지씩 소낙비로 내렸다
그러나 끝끝내 식을 줄 모르는
왕대 죽순 같은 뿔 끝에선
노을빛 핏기가 솟아
꼭 누군가를 찾아내어
한 번쯤 족칠 것만 같았다.

타작마당

부러지기
아니면 바숴지기다
뼈는 뼈끼리 산맥을 이루고
살은 살끼리 집합한다
불더미 속에서 살아 움직이는
죽음 같은 혼절
이윽고 탄생은
아침 햇살처럼 눈이 부시다
어째서 밥이 되고 씨가 되는 통증은
퍼렇게 멍들어도 울지 않는가
녹초나게 때려 눕힌
도리깨의 불먹은 직성도
서늘하게 웃음지며 낮꽃 세우려면
한 사날 허청 밖에서
뿔난 무서리를 뒤집어 쓴 채
뼈 곧은 가문家門 탓을 해야 할 것이다.

별 하나

만경강萬頃江에 빠진 시커먼
별 하나 건져내지 않고도
능히 살아갈 수 있다는 사실마저
잊어먹은지 오래다
별들은 우리들 머리위에
집을 짓고
꽃핀처럼 웃으며
밤마다 기나긴 궁창을 지나
강물 깊이 눈부시게 곤두박질쳐도
우리는 녹슨 빗장 하나
어떻게도 비틀어주지 못한다
눈꺼풀이 무거운 이 밤에도
별들은 더없이 착한 눈물이 되어
밀폐된 우리들 문전에 당도해도
그 경이가 무서워서
누더기가 된 손 하나 내밀어주지 못한다.

유년의 고샅

소나기 같은
삼대 같은
비호 같은 코빼기들
자고나면 호박넝쿨이
한자씩이나 가로막는
완주군 조촌면 만성리 고샅길
자주 손 맞는 아이들끼리
서로 쫓기고 쫓으면 어느 사이
무르팍에선 장미꽃이 피었다가 이울고
그래도 언제 그랬냐는 듯이 다시
그 이튿날도
그 그 이튿날도 바람개비 공장에선
부러진 날개 고치느라 부산했다.

푸새 한마당

어느 한 구석도 귀잡스런 데가 없이
정갈하게 나를 젓어다오
결이 고운 대나무 갈퀴로
펴런 핏대가 아직도 아물지 않은
낫 자국 상처 끄트머리까지도
얌전스레 더 덧나지 않게
적막하게 젓어다오
햇살도 한동안 벌거벗은
내 속살을 다디달게 핥다가
한 사날 몸치나서
기동도 못하게
갈퀴여, 참빗 같은 갈퀴여
적선하는 셈치고 골고루 젓어다오
산발은 싫다 산발은 싫다
가지런히 빗질하여
서럽게 묻혀온 꽃대궁일랑 어여삐 보살펴
잠 설치는 후궁의 비녀로 꽂아주오
살아서는 산 너머 모진 구렁에서
피리 같은 눈물

세찬 바람 맞받아
어깨 친친 감싸고 울었다만
죽어서는 뼈대만 우겨 하늘빛 다 퍼주고
뒤틀린 형상으로 남아 웃을란다
어서어서 해찰 말고 젓어다오
펄펄 끓다가 식은 내장의 골목끝까지
삽상하게 나를 잘 젓어다오

지리산 안섶에서

거기서
목이 타 주저앉은
이름 모를 풀더미 하나 만났다
깨어나라
깨어나라
주문처럼 외워봐도
미동도 하지 않는
지독스런 근엄 하나 보았다
돌아와 생각하니
모나서 정 맞고
정 맞아 부서지는 속세俗世가
이슬방울 따 마시며
제자리 죽음 찾는
한낱 초근草根만도 못한가 싶어
더없이 억울하고 분했다.

소쩍새야

청산이 저승이라면
거기서 더 몇 대를
죽치고 살거라
살다가
살다가 신물이 나거든
청산 밖 이승 찾아
또 몇 대를 더 대물리며
죽치고 살거라
황방산 맞받아치는 솔바람도
그대 통곡
한소절도 못 꺾고 지새는 밤
좋다, 좋아
저승도 이승도 질긴 문고리
은빛나게 벗겨가며
죽치고 살거라.

달은 기울고

소쩍새 예대로
청승맞게 울고 있다

반소절도 까먹지 않고
틈만 나면
청산 솔바람도 무색하게
차지게 울고 있다

이승의 천 냥 빚
어깨 시려
갚지 못한 아버지도

어두운 동구 밖에서
갈지자 걸음으로

메밀꽃밭 같은 두루마기
눅눅하게 펄럭이며 울고 있다.

뒤주 이야기

할머니의 뒤주와
어머니의 뒤주는
아내의 뒤주보다 키가 더 컸다
키가 커서 늘 찬바람에 흔들리던
할머니의 뒤주와
어머니의 뒤주는
키가 작아도 밑창이 긁히지 않는
아내의 뒤주보다 뱃구레도 더 컸다
뱃구레가 커서 늘 허덕이던
할머니의 뒤주와 어머니의 뒤주는
뱃구레가 작은
아내의 뒤주보다 도량度量이 더 컸다.
도량이 커서 사철 눈물 지던
할머니의 뒤주와
어머니의 뒤주는
아내의 뒤주보다 몇 배나 더
궁리도 컸다.

덕진채련德津採蓮

이 세상
연꽃 보고 간 선사禪師는
먼산 깊은 골에 먼저 들고
오늘도 미처 떠오르지 못한 청향淸香이
발싸심하는
덕진德津
연지蓮池

어디선가
꽃잎 따문 바람 한 점이
길 솟는 속진을 내몰아
기린麒麟이며 남고南固며
모악母岳이며 황방산黃尨山을 정갈하게 맑히면
하늘 언저리까지 환히 열린 호반湖畔에
비르르 비르르르
호반새가 어여삐 운다.

셋

묵은 낫 하나 얻으러 갔다가

제초제除草劑 · 3
제초제除草劑 · 5
제초제除草劑 · 6
제초제除草劑 · 14
버려진 의미
간척지干拓地를 지나며
경지정리耕地整理
고추꼭지 따기
과원果園을 지나다가
귀의 뜰
날마다
남원南原행
눈 마중
늦가을에
돌밭을 일구며
돌에게
돌은 왜 우리들 머리위에만 맞는가

제초제除草劑 · 3
—근성을 위하여

쓰러지기 전에
할 말이 있다
유서라도 남겨야 할 게 아닌가
그래야만 언젠가 날 풀려
돌아올 영혼들에게
그렇게 처절하게 잠들었노라고
일러바칠 게 아닌가
거기에도 제법
귓구멍 제대로 뚫어진 것들 있어서
눈구멍 제대로 파진 것들 있어서
기를 쓰고 앞질러
사방팔방 누렇게 배 내민 땅
뿔나게 발치기라도 할 게 아닌가.

제초제除草劑 · 5
ㅡ떠남을 위하여

우리가 의식을 잃었다고
생각할 사람은 아무도 없다
석양에 틈내어 강 건너 산 너머
박복하게 사는 당숙네 집을 찾아
헛간에 우두커니 매달려 있는
묵은 낫 하나 얻으러 갔다 왔을 뿐
잠시도
비워둘 수 없는
땅
떠나도 우리가
우리가 알아서 떠난다.

제초제除草劑 · 6

— 익모초를 위하여

그대
무슨 살기殺氣로
예까지 휘청거리며
용을 쓰고 살아왔단 말인가
그대 곁에 뼈마디 꺾고 주저앉은
목청 꺼진 헛기침 소리들
오늘에사 청맹과니 아닌
나도 알겠네
그대 쓰디쓴 전신을 붙들고도
아직도 일어서지 못하는
저 찌그러진 헛것들
그대 약 차오르는
생때 보고 알겠네.

제초제除草劑 · 14

— 버팀을 위하여

그대 헐겁게
이 땅을 저울질 하지마
밤새도록 허리 꺾고 울지도 마
그대 시든 어깨위로
몇 광년의 별이 뜨고
떠서 먹장 구름에 가려진다 해도
그대 눈물 펴내야 할
불 맞은 멧짐승 같은
뚝심 하나는 있어야 해.

버려진 의미

전주중앙성당이 내려다 보는
성 빈첸시오 집 앞에
버려진 발가락 열 개
누가 내동댕이치고
어느 땅 끝까지 달려갔는가
아직도 가쁜 숨결이
파닥거리는 들꽃처럼 매달려 있어
부싯돌 치는 소리 반짝인다
누구인가
이 밤, 자지러지게 콜록거리는 사람이.

간척지干拓地를 지나며

삭은 모포기 사이로
멸구들의 무덤은
보이지 않고
빚 먹고 빚 못 갚고 간
걸신乞神떼 울음소리만
장리長利로 길어납니다
이 땅 저 땅에서
눈 밖으로 쫓겨난 사람들이
가난하다, 가난하다
깃발을 들고
울며불며 땅뙈기를 하던
불먹은 땅
그 수모受侮는 어디 가고
활처럼 허리 굽은 뼈들만
땅속깊이
종살이 꿈에 가위눌려
새우잠을 잡니다
오늘은
그 언 땅, 갯논마다

햇살 뜯어 문 사람들이
쌀쌀한 바람의 등 뒤에 숨어
계절과 느슨하게
작당作黨하며
한패가 되어 살아갑니다.

경지정리耕地整理

반달을 빼앗아 가고
직각直角을 주었다
여기저기 동강나버린
서마지기 일꾼들의
떼다 붙인 살점
논귀마다 되살아나는
능구리 울음 같은
징소리
하늘 향해 물구나무 선
할아버지의 발바닥 속
고생치레 잔금도 보였다
어느 틈샌가
부황을 이겨낸
자운영 씨받이가
기위눌리고
뜸북새 쫓아버린 무논엔
빗줄기가 수직으로
수직으로만 꽂혔다.

고추꼭지 따기

아내는
모처럼 일요일을 잡아
매운 고추꼭지를 딴다
두 딸과
하나 아들을 데리고 앉아
고추처럼 매운 세상
고추 맛을 보이며
질긴 꼭지를 딴다
고추는 작아도 맵느니라
아내는
고추바람 토막 내기에
이골이 나선지
아이들보다 매운 맛을
잘도 견디며
재채기 한번 없이
꼭지를 딴다.

과원果園을 지나다가

나는
빈 가지마다
마마의 열꽃을 매달고 있는
겨울바람을 보았다
태형笞刑 맞는 꿈을 털고 나와
뿌리 깊은 철주의 어깨를 펴고 선
곧은 숨결이
쇠 깎이는 소리로 운다
아, 받쳐주고 싶은
허리 휨
나는 무량으로 밝히는
떠난 혼령들의 뼈마디를 추스르다가
푸새 속에 잠든
지난 가을의 저리디 저린 손과
그 과적過積이 꺼진
눈자위를 보았다.

귀의 뜰

문밖의 출입이
차단 되었다
언어의 적체가
눌어붙은 뻘밭

저쪽 통로로 빠져나가려다가
붙잡힌
바람 한 점의 무덤위엔
언제나 시들지 않는
타인의 냄새가
진을 치고 있다

오늘은 채굴을 해야 할 텐데
괭잇날이
해묵은 상처를 후빌까
겁이 난다.

날마다

날마다
담배 피우고
소주마실 일만 생겨난다
지난밤
못 견디게 뒤척일 적마다
내일은
천하 없어도
맑은 공기 마시고
덕담도 나누면서
정신도 맑혀야지
산물처럼 그렇게 다짐하면서도
날만 새면
또 담배 피우고
소주마실 일만 생겨나는 까닭을
담배에게 물어본들
소주에게 물어본들.

남원南原행

눈이 장막처럼 내리던 날
펄펄 날려서 허리 굽혔다 펴는
고추밭의 고춧대는
더욱 찌그러지게 버티고
목청 꺼져
꺼져서 번데기 된
퇴기退妓 하나
월매月梅를 부르랴
춘향春香을 부르랴
숨이 턱밑에 고인 세월
골방 문풍지도
덩달아 씨부렁거리고.

눈 마중

너의 약속은
하늘의 지킴이다

가다가
주인 없는
포목점에 들러

눈부신 면사포 한감을
전신으로 받아왔다.

늦가을에

자양慈養이 빠져나간
햇살의 뼈마디가
타작마당에 갇혀 우지끈 토막 난다
전능의 손길이
너트처럼 비틀린 들판 가운데로
혀를 빼문 바람은
실어증을 앓고
누군가
갈맷빛으로 여위다가 만
내 의식의 무게를 껍질 벗겨 들먹인다
언제나 늦게 채며
목에 걸린 실톱의 아우성을
달래는
쓰리고 아픈
신음의 허리께
익사직전의 수위가
시퍼렇게 넘실댄다.

돌밭을 일구며

보습 끝에 매달린 퍼석한 지력地力은
참으로 눈물겨웠다
한세상 아버지의 아귀다툼과
그 맹랑한 허기 사이의 가변可變은
더 이상 다른 공략을 찾아
뾰족한 송곳니로
으득일 수는 없었다
하루 내내 상처입고 문드러지는 밭둑
돌팔매질을 해도 해도
한 놈은 이랑밖에서 눈 흘기고
한 놈은 이랑속에서 이죽이고
늘 그렇게 만날 때마다
성난 돌밭의
부싯돌 치는 소리.

돌에게

우리들은 처음부터
네가 저지르고 있는 분할에 대해
책임을 묻지 않았다
두 동강이가 나든
천 조각이 나든
뼈 쑤시고 땀 흘리며
네 이탈을 막기 위해
고지 먹을 일도 없었다
네 살붙이들이
산벼랑에서
강바닥에서
졸고 있는 날의 무심한
하루
우리들은 네가 기억하고 있는
이웃들의 코를 붙잡아다
오늘은 아랫마을 거시기네 집 헐어진
담장만 요란하게 칠 생각이다.

돌은 왜 우리들 머리위에만 맞는가

두 팔 벌려
길을 막으며 물어봐도
눈뜨고 대답해주는 사람 누구
한 사람도 없다
돌은 왜 우리들 머리위에만
맞는가
돌아서서 바라보면
조국아, 조국아
피 흘리는 조국아
돌은 왜 우리들 머리위에만
맞는가.

넷

굴절의 양심도 접춰 보면서

조선낫

전주全州 난장에서
싸디싼 회청빛 조선낫
한 자루를 사왔다
대장장이가
내 빼빼 마른 손아귀에
쥐어주던 조선낫은
슴베가 유난히도 길고
묵직했다
나는 돌아와
그 조선낫을
아무도 눈치 채지 못하게
꽁꽁 숨겨둔 채
서슬 푸른 달밤
송충이 웅성대는 생솔가지도
후려쳐보고
밑동 썩는 억새밭의
피 밭는 몸서리도 짓이겨보고
내 가슴속 때 없이 길어나는
굴절의 양심도 겁줘보면서

행여 녹슬까 한밤중
깊은 잠의 허리통도
끝끝내 용서하지 않았다.

작업作業 · 1

우리는
아무도 모르게 우리는
밤마다 깃 터는 작업을 합니다
냉수사발에 참빗살 적시며
세상의 먼지란 먼지 죄다 빗어내고
눈총도 욕찌꺼기도 빗어내고
사랑과 미움의 골방에 낀
불 먹은 염통소리도 빗어냅니다
빗다가 빗다가 빗어낼 거 없으면
핏줄을 훑어
어느 모서리에 웅크린 간음도 빗어냅니다
그러나 끝끝내 빗겨지지 않는
헛손질의 빗살 속에는
아무도 알 수 없는
안개꽃 한 송이가
안개비에 젖어 있습니다.

작업作業 · 3

귓속에 난데없이
곰팡이가 슬었다
이비인후과耳鼻咽喉科를 찾아갔더니
강姜 박사는 심각한 기색도 없이
느슨하게 미소 지으며
차나 한잔 마시고 가란다
요즘 그런 환자들이
심심찮게 드나든다는 말에
조금쯤 위안이 되는성 싶어
겁없이 소주 마시고
비린 것도 가리지 않았다
결국 곰팡이의 사랑식만
애써 즐겼을지도 모를 어느 날
핏발선 통로위에
시퍼렇게 질린 언어들이
관절을 꺾으며 넘어졌다
그 가운데 낱말 몇 개는
나를 호되게 심판하러 들었고
또 다른 몇 토막은 나를

서럽게 증언하러 들었다
그러나 대부분 내 편이 아닌 채
성난 도리질만 했다.

작업作業 · 4

너를 애써
기억해내는 일보다
너를 아주 잊어버리는 일이
더욱 힘겹다
너를 기억해낼 때
너는 이미 초승달처럼
지고 없어도
너를 잊어버릴 양이면
너는 어느 새 눈썹 끝에
안개비로 젖는다
이제는 기억해낼 수도
잊어버릴 수도 없는 너를 찾아
한 백년 석상처럼 헐어지는
몸살이나 할까보다.

작업作業 · 5

개미는 밤새
온 방을 후볐다
땀에 뜬 내 꿈의 밑바닥도
측량해보고
아내의 모래톱 같은
허망한 살갗도 쓰다듬어 보고
건넌방 쇠때 묻은 아이놈의
키 크는 소리도 엿들었다
밤새 무슨 영문인지
어둠을 열심히 굴착하며
시키지도 않은 상황판을 기록했다.

작업作業 · 7

어느 날 아내는
금빛보다 더 찬란한
열쇠 하나를 깎아오더니
내 호주머니 속 깊이
수장시키듯 찔러주었다
자정을 소리 없이 비틀고 들어와
하루의 안부를
잘 익은 고욤처럼 눕히라 했지만
실은 그 시늉도
헐렁한 말대접일 뿐
열쇠는 언젠가
내 바람구멍 숭숭 뚫린 영토를
비밀스레 빠져나갔다
그 이후 어두운 처마 밑으로
자정과 함께 동행하던 나는
문득 우주 밖으로 더 크게
잠겨있는 나를 발견하고
눈부시게 씩 웃었다.

제한급수制限給水시대

밤마다 밤마다
방광을 불리던
전라북도 임실군 관촌면
방수리芳水里, 별똥 몇 개 건져 마신
수도꼭지야
살아서도 이슬비는
이슬비 되고
죽어서도 이슬비는
이슬비 되는가
한밤중 또르륵…
은사銀絲 몇 토막 부서지는 소리
오늘도 하늘 속곳은 겉마르고
심장 저 켠에 안질眼疾이 솟는다.

채석장採石場

질긴 구성의 살점을 뜯어
미개한 의학의 나라로
떠난다
그 나라에선
아침부터 저녁까지
붕대 감는 작업만 요란스럽다

나머지 재구성의 책임은
황소*가 질 수밖에 없다.

---

* 황소 : 서양화가 황소연黃昭淵의 약칭

청산을 비워 두고

아버지 유택幽宅위에
봄비 내리다가 말고
포름한 잔디밭 가으로
진달래꽃 두어 송이 피었습니다
쑥도 뽑고
취나물도 뜯으면서
아무리 귀를 세워 봐도
어느 산모롱이
잔기침소리 하나 들리지 않았습니다
적적한 한나절
기별은 끝내 없으시고
뻐꾹새 청산 넘나드는 소리만 들렸습니다.

축축한 날

오늘처럼 이렇게
발끝에서 머리끝까지
축축하게 젖어오는 날은
측후소밥을 여러 해 먹은
정읍 주봉구 친구를 만나
만나서 우거지 같은
내 몰골을 비춰볼 일이다
예측할 수 없는 이 상태가
몇 달이나 몇 해나 지속될 것인지
먹구름은 어느 때쯤 걷히고
비 뜻은 또 어느 때쯤 멎을 것인지
허실 삼아서라도
내 우거지같은 상판대기를
맹물로 푸푸 씻고
비춰볼 일이다.

토령土鈴

들켜서는 안될
소리가 난다
정말 들켜서는 안될
소리가 난다
뜨겁게 달궈진 사랑
한생의 끝이 보일지라도
들켜서는 안될 소리가 난다
흔들어도
흔들어도 들켜서는 안될
소리가 난다.

헛짚어 살다가

청산 밑으로
밤 한 톨
주우러 갔다가
시원찮은 발목
그만 삐었습니다
청산이 얼른 보듬어
일으켜줄 줄 알았더니
세상을 헛짚어 살면
그런 거라고
본체만체 한바탕
햇살만 잘게 부숴댑디다
그 때
죽음보다 더 고즈넉한
바람 한 점이
내 이마 앞에 다가와
땀방울만 건성건성 훔쳐갑디다.

황토현黃土峴 가는 길

피 삭은
빈 피밭이다
대숲에 죽순 나고
죽순 자라 대치는 소리
조선낫 이 빠지도록
밤새 대밭이 운다
오늘은
그 피울음
들바람 들불 질러
돌벽에 대竹꽃으로 피었는가.

다섯

한 세상 다가도록 우리는

누이들

눈이 내려
동구 밖이 질퍽거리던 날
서럽게 시집간 누이들*이 왔다
큰 아는 완주에서 살갑게 오고
작은 아는 진안 백운산 밑에서
얼어 죽을까봐 친친 싸매고 왔다
나는 소태 같은 세상 낙서하고 있는데
누이들은 저희끼리 오랜만에 마주앉아
마른 고춧대 꺾어 태우며
때 겨운 점심도 짓고
밀린 옷가지도 빨아 널며
매운 연기 핑계 삼아
눈물 시합만 해쌓는다
듣자하니 눅눅한 이야기뿐
목이 메인다.

---

* 그렇게 시집간 누이들이 지금은 '이만하면'하고 자족하며 살고 있다. 참 고마운 일이다.

시인 친구

—李雲龍에게

내 친구, 시인 친구는
지난 주일에도 또닥또닥 집을
고치더니 이 주일에도
각시방인가 도배질을 척척 한단다
전화로 바람 잡기
속없이 한 백리 낚아채려다가
번번이 딱지맞고
속만 앗기고
일상 얻어 맞으면서도
부끄럽기는커녕
몇 번이고 자랑스러운 거는
내가 그 친구보다
잘나고 못나고가 문제 아니라
내가 그 친구보다
잘살고 못살고가 문제 아니라
한 세상 다가도록 우리는
뼈 부딪침이 없다는 게
그게 문제로다.

들새

언제나
쭉정이 진 제 목소리를
낱알로 거둬들이며 산다
풀섶마다 몸부려 불을 지피다가
동서남북, 하늘사닥다리를
놓쳐버린 날
비비비… 울며
떠나며 산다
눈을 뜨면
피 비친 방황
해 그림자를 쫓는
슬픈 행려行旅
이슬 채이는
시계視界
들새는 가지끝에 걸린
마른 무지개를 털어
이승의 선반위에
갈무리하며 산다.

명천리明川里 음吟

적상산赤裳山 치맛자락
가치家峙 지나
송치松峙
송치 지나
명천리
재균宰均 형은
노란 두건을 쓰고
천리 밖 봄비 속으로
아가 부르며 달려온
어머니의 희디흰 머리카락을
손빗 시리도록 가르고 있더이다.

목화밭을 지나며

눈송이가 내려앉아
녹지 않았다
눈송이는
치마말기 실밥 타지는
할머니 주먹안에서도
끝내 녹지 않았다
그러다가 더러는 활 맞은
토방
배 주린 여인의 한숨으로
피어났다가
아주는 대자 적삼속
얼비친 노을로
사라졌다.

백제百濟의 비

언 땅 모서리마다
상한 송곳니로 찾아와서
돌무덤 으깨 놓고
돌아서는 비
만萬 리나 가슴 벽에 짙은 안개가 끼어
백제할압시 하얀 손사래도
보이지 않고
빗물은 허드레로 허드레로
만경강萬頃江 너른 바닥만
똬리져 훑어갑니다.
길을 잃고 비처비척
똬리져 훑어갑니다.

사금파리

들이거나 산이거나
시궁창 속이거나
힘줄이 퍼런
서슬로 산다
한바퀴 빗나간
바람의 끝에서
마른 강둑은 헐리고
없는 것만 남은
천千 됫박
입맛이 되살아나는
눈물의 앙금
곰발바닥도 베어 먹지
돼지고환도 발라먹지
놓친 손의 지문指紋이
백반처럼 끓어오르는
흰 뼈다귀 하나
패장敗將의 칼 토막보다
눈이 부시다.

생활의 덫

아파트를 오르내리며
문득 사로잡은
입산과 하산의 의미는
관절이 삐걱일 때 더욱 빛난다
층계 가득
헐떡이며 넘어지는 오른발 왼발
세찬 바람의 행렬 뒤에 숨어서
언제나 신열로 출렁일 때
세상 안팎 일들이 더더욱 환하게 보인다
날마다 사랑이 저당잡힌
도시의 허무를 가로지르면
짐 진 자의 허리께로
야적장野積場 무너지는 소리 들려온다
그래도 둥지 찾아
하얗게 바랜 핏줄을 세우며 돌아오면
잠자지 않고 막장캐던 언어들이
갱도坑道 밖으로 뛰쳐나와
나의 무력에서 가위표를 거둔다.

설야일기雪夜日記

우리나라에서도
열 손가락 밖으로 밀려난
귀빠진 도시위로
눈이 내린다
눈이 내린다
도시는 갑자기
유형지流刑地처럼 한스러워지고
마분지馬糞紙 위에 끄적거린
이 땅의 축축한 언어들을 위하여
기도하며 노래하며
여기저기서
불소주에 마늘씨 까먹는
객기客氣 냄새만 진동했다.

쑥고개

이 강산 솜털 난
허리춤도 다 뜯어 먹고
이 강산 눈물 젖은
하늘빛도 다 퍼마시고
우리는 쑥물든 이빨을
삭은 지푸라기로 닦아냈다
한해旱害대책 속에서도
힘센 가난이 거꾸러지지 않아
다음 해에도
그 다음 해에도
머언 먼 쑥고개 마루턱이
식량기지食糧基地만큼이나 부러웠다.

아내의 잠

아내는 꿈속에서
나를 종종 만난다
도저히 헤아릴 수 없는 냉랭한 나를 만나
선잠을 헐고 돌아눕는다
-그런가 보다 나는 두 얼굴의 사나이가 되어 아내의 잠속을 실없이 들랑거리며 때로는 난폭자가 되거나 아니면 외로운 방랑자가 되어 바람처럼 훌훌 떠다니나 보다-
언제나 아내의 잠속에서
평가절하된 나는
한 번도 녹아나게 웃음 짓는
밀렵꾼 노릇을 못한다는
사실을 알고부터
항상 당할 수만 없다는 나도
오늘밤
커다란 구실 하나 잡기위해
밍크담요 깔고 누워
꿈속으로 꿈 같이
예인선曳引船 한척을 띄운다
그런데 그게 그렇게 쉽사리
유인될지 얄팍한 생각만 든다.

아침 소곡小曲

정이품正二品
소나무가 그려진 속리산
관광털수건으로
저승꽃이 피기 시작한
얼굴을 닦던 날
아침
무수한 침엽針葉은
바람소리 크게 지르며
눈 못뜬 눈
마저 파가고
마른 송진 입에 붙어
그나마도 눌변訥辯
세상에 무슨 할말이
또 있느냐
있느냐 한다.

어머니의 현기眩氣

어머니의 빈 가슴속에선
아직도 송진 냄새가 가지시 않은
팽이가 돈다
돌아도 비실비실
엎치락뒤치락 잘도 견디신다
한생의 매듭들이 쑥대밭에서
정중하게 술을 드시던
아버지의 기침소리에 되감겨
까무러치게도 돈다
마당귀마다 허겁지겁
어디서 나타났는지
생면부지生面不知의 잡귀들도 떼 지어 와서
덩달아 두주불사斗酒不辭로
미치게도 돈다.

연鳶

하늘이
늑골을 부러뜨리는
아픔을 가르칠 때
땅은
밀밭을 가꾸고 남은 힘으로
마지막 씨앗을 도정搗精한다
무수한 낙법落法사이
사금치 가루가 풀풀 날리는
서산마루로 죽어서
살아 돌아오라
출정의 아들 같은
얼굴 가득
솔개가 그려지고
떼새들이
빈 들판을 일어선 뒤
바람 찬 영지로 흘러가는
공회空懷한 목숨이
한겨울 밭은 울음만 삼키고 있다.

오자誤字 타령

밤새
무릎을 까며
네 귀퉁이를 기던
치통齒痛 생각이 나네
뽑아버릴 걸
늘 당하고만 산 생떼
안개 속 시비是非
다급히 만나
구면인사를 나누면서도
언제나 낯선 동반同伴
행간行間을 받치고 서있는
당당한 불안이
한없이 돋보일 때
나는 오히려 무력해지고 마네
하루 내내 숲속을 뒤진
술래의 발끝엔
또 무엇이 채이는가
멧새 알 하나
동시에 싸늘히 식어버리는

부화孵化
자그마치
시력을 잃네.

이 가을에

아플 수만 있다면
이 가을
옥양목 찢어 머리띠 질끈 매고
죄다 아파주자
나 빼놓고
너만 아파서도 안되고
너 빼놓고
나만 아파서도 안되고
우중충한 하늘밑
자랑할 훈장도 하나 생기지 않는
씨나락 같은 거 하나 거두며
아플 수만 있다면
이 가을 옥양목 찢어
머리띠 하얗게 매고
죄다, 죄다 아파주자.

이웃돕기

없는 것까지 팔아서
있는 것처럼 쏟아주고
다니는 사람
초등학교 3학년 줄에나 끼면
조금 솟을까 6학년 줄에 서면
앞에 쯤 좋이 보일 그런 사람
젊어서는 어느 외진 동사무소에서
궂은 일이란 궂은 일 죄다 떠맡으며
한 가지 일에 열 가지를 자청하는 사람
시방은 번데기 같이
형편없이 찌그러들어
무슨 '문화재보호'라는 노랑 완장을
뽐내며 바람개빈 양
일상을 날아다니는 사람
신문 사회면 모퉁이에 가끔가끔
쌀 한말 연필 몇 자루 공책 몇 권 가난이
가난 도왔다는 토막기사 몇 줄
키 작고 선심 큰 얼굴이 비쳐
시市에서도 하도 미안해

상賞 하나 주었더니만
자랑이 몸치나게 싫어서
앞마당 깊이 눈씨 있게 묻어둔
금 몇 돈짜리 '시민의 장'까지 끄집어 내다가
이웃돕기 했다는 그 사람
못 말릴 사람.

여섯

달밤에 소쩍새도 울겠지

풍남문전상서豐南門前上書
아프가니스탄에 핀 꽃
금산사金山寺 석련대石蓮臺
문어
쌍계사 가던 날
벌레의 집
죄업罪業
그런 별 하나 있었으면
자벌레
눈물
가은이
손석일
흙속에서
노을
물어보아라

풍남문전상서豐南門前上書

마악 봄이옵니다
요사이 입맛이 없으시다는 말씀을
바람결에 듣자옵고
저잣거리로 나가보니
냉이랑 달롱개랑 씀바귀랑이
땅심을 품어 포르스름한 게 여간
상큼해 보이지 않습니다
오면가면 정중하게 모시려고 합니다만
행여 해찰구석이라도 짚이시거든
기왓골이 들썩이도록 한번
고정하지 마시옵소서

기력氣力이 좀 부치신가 봅니다
성주城主는 자주 문안드리러 오는지요
보약을 드시려거든 거기 문안에
남창당이 있고
용돈이 필요하시거든 거기 문밖에
전북은행이 늦게까지 문을 열고 있사옵니다

별을 헤고 계시오면 곧 찌그러지는 달밤에
소쩍새도 울것입니다
옛날에도 그렇게 청승맞게 울었겠지요
다들 앞서 보낸 세월이
몇 백 년이옵니까
그래도 오래오래 사셔야 합니다. 餘不備禮

아프가니스탄에 핀 꽃

소녀야
네가 들고 있는 램프에
불이 켜진다면
어둡고 기나긴 길이
어디 만큼이나 밝아질 것 같으냐
해는 기울고
램프는 꺼지고
어디로 가는 길이더냐
별빛이 다가와 네 눈망울에 기댄다면
그냥 쓰러질 것만 같은
가녀린 소녀야
머리에 인 하늘빛 보퉁이가 무엇이더냐
무거웁더냐 가벼웁더냐
철이 들어 더 서럽게 보이누나
그 눈물어린 이야기는
램프가 켜질 때부터
램프가 꺼질 때까지만 하자꾸나.

금산사金山寺 석련대石蓮臺

—그 높다란 부처님은 어디 가시고

눈부신 빛줄기가
한 순간 어둠 속으로 갇혔네
어둠은 모악산을 덮고 더욱 짙게
천지를 어지럽혔네
그 사이 먹장구름이 휘휘 말아가듯
석불 한 채 베어갔네
천둥 멎은 그 자리 빛이 다시
제 모습으로 튀어 나왔을 때
통증이 멎은 연꽃잎 몇 장이 살을 붙이고
하늘 우러러 순하게 엎드려 있었네
엄혹한 천후가 몇 번이나 스쳐가는 동안
비가 자주 내려 돌꽃도 헐어진 틈새에 피었네
그 후로 불칼은 아니어도
손톱자국 하나 없이
연화국蓮花國을 지은 사람들이
길게 늘어서서 손을 맞대 잡고 울었네
서로 숨소리는 들리지 않아도
땅을 받들어 석불 한 채 어디선가 들어 올릴
역사役事를 돕고 있었네.

문어

사진작가 종구 형이
바다 한 조각을 떼어왔다
지구를 짚고 떨어지지 않으려고
몸부림치다 흡반이 찢어진
생사의 갈림길
사느냐
죽느냐
65억 여러 나라 사람들 가운데
착한 종구 형을 만나
죽기를 각오한 날
우리 집 도마 위에
식칼을 베고 잠을 잔다
세상이 이렇게 조용할 수가 있을까
한 생명이 눈을 감으면.

쌍계사 가던 날

몰랐습니다 어머니가 기역자로 엎드려 따라 오시는 줄을 몰랐습니다 그러는 줄도 모르고 지랄 같은 세상 이것저것 옹이 박히고 매듭지어진 허물들을 뒤적거리며 오르는데 허위허위 뒤따라 오시던 어머니가 곱지 않은 내 뒷덜미를 어느새 읽으셨는지 숨을 몰아쉬며 나를 앞질러 오르십니다 쌍계사 삼신산이 그 모습을 물끄러미 바라보시다가 어머니의 신발 한 짝을 벗겨 불전에 먼저 놓으십니다.

벌레의 집

차디찬 하늘 기슭에 매달려
생명줄 같은 이파리 하나 물고
똥 빠지게 늘어졌을 때
발가락이 아슬아슬 떨렸습니다

먹고 자고 일하는 일상도
햇볕에게 그을리고
바람에게 부대끼고
눈비에게 씻기우는
곤고의 나날이었습니다

그런 나머지
토끼똥의 반에 반만한
보기에도 아주 서러운
집 한 채를 지었습니다

술타령도 안하고
외씨버선 한 짝도 벗긴 일 없는
그런 덕분이었습니다.

죄업罪業

—보림사宝林寺 지옥도를 바라보며

하늘이 내려 준
연꽃
한 송이
가지산이 향기롭다

지난 새벽
넉 점을 울고 간
보림사 범종소리는
어느 하늘 너머로 잦아졌는가

천 년을 두고 우려내어
속진을 쓰다듬는
고즈넉한
가을 하루

나, 이내 걸어온
죄업이
지옥도 속에
가득하다.

그런 별 하나 있었으면

'허블'로도 보이지 않는
아주 먼먼 시공에
사철 꽃이 피고 지는
그런 별 하나 살고 있다면
그 별나라에는
사람 형용을 한 고등동물의 씨는
얼씬도 못했으면 좋겠습니다.

자벌레

세상을 제 키만큼만 버텨가며
천천히 허리 구부려
한 방울 풀빛물감처럼 티 안 나게
옮겨 붙는 그를 봅니다

햇살도 별빛도 소리 없이 내려와
제 눈길만큼만 값을 치르고 앉았다 가는
낭창한 실가지

자진모리로 숨 막힐 일 없는 일상을
하늘과 땅 사이 어긋남 없이
치를 맞춰 사위를 잘 살피고 있는
그를 봅니다

비바람에 부대끼며 아슬하게 목숨 가꾼
고된 눈물도
오늘따라 적막하게
맑아 보입니다

쌓인 노동의 피가 풀어져
파란 강물을 이루고 있는
순하디 순한 눈망울도 보입니다

그런 시공에 오래 엎디어
한 치 앞을 두리번거리고 있는 그가
세상을 잘도 파악하고 있는 듯 싶어
그렇게도 유별나 보입니다.

눈물

눈 밑에 자리 잡고 사는
갈색 사마귀
세 송이

떨치지 못하는
사랑

누군가가 그랬다
그들이 눈물 받아먹고
사는 거라고

몇 날을 두고두고 울어주었다
배불리 더 먹고
가라고

그래, 이제 그만 이별을 하자꾸나
피부과에 갔다
치지지……

살타는 냄새

아, 나도 한낱 고깃덩이였구나.

가은이

할아버지
나 발포호해요
발포호
발포호가 뭔데
유치원서
응, 발표회
예, 발포호
어떻게 하는데
할아버지 할머니
아빠 엄마 안녕하셔요

와, 잘한다
짝 짝 짝.

---

* 가은이는 유치원 손녀

손석일

손수 거두었다는
조선꿀 한 병을 목매기처럼 끌고 왔다
정직한 일꾼 놈들이 흘린
1년분 어치의 눈물이라고
노동의 가치를 찍어먹어 보라고
속빈 내장에 퍼런 불이 확 붙도록 찍어 보라고
약이 되든 독이 되든 되는 것은 틀림없다고
검정고무신 처사처럼 끌며
그런 몸짓이 더없이 좋다며
세상에 위세부리고 말담 좋은
그런 짓거리하는 자는 영 싫다고
우리 일꾼 놈들은 그런 망측한 꼴
눈을 씻고 보려 해도 없다고.

---

* 그 환속 시인은 2005년 저 세상으로 쓸쓸히 갔다.

흙속에서

지난 여름 아내는
팽나무 그늘 밑에서 송글송글한 땀방울을 말리며
난생 처음 겁도 없이 흙을 다루었다
흙은 칡소 고삐 풀리듯 잘 따라주었다
채소 몇 포기도 순한 양처럼 고개를 끄덕였다
아내는 흙 속에 묻었다 꺼낸 헝크러진 지문을
노상 햇볕에 내다널며 점차
그을러 갔다
팽나무는 아내의 머리위로
가끔씩 소쩍새 몇 마리도 얹어주었다
지난 여름 작은 농장에선
날마다 아내보다 호미가 먼저 녹을 벗겼다.

노을

꽃들도 사랑을 하노라면
저렇듯 하늘이 노오랗게 일렁일렁 울렁울렁
어지러울까

성스럽게 타오르는
치자꽃빛
숙고사熟庫紗 한 필.

물어보아라

아직 몇 뿌리 더 남은
이빨에게
진정으로 물어 보아라

너, 살아가는 동안
온갖 잡것 달게 씹고
즐기면서

누구
새싹 같은 사람 하나
생즙 낸 일 없느냐고.

빚 얻고 가던 날 눈물도 기쁘다

폐선廢船

물빠진 동진강東津江에
폐선 한 척이 비스듬히 누워
가는 세월을 노려보고 있다

무수한 날 바다를 일구고 돌아온
퇴역의 그늘 밑에 줄지어 있는
가창오리떼들의 재재거림이 일 없어 보인다

한 번만 더 물길이 입맞춰 준다면
벌떡 일어섰다가 다시 죽을 것도 같은데
뻘밭에 찔린 관절 탓인가
얼씬도 못한다.

빚

빚 얻고
돌아오던 날
눈물도
기쁘다.

현정이네 참깨 밭

도시 바깥 귀빠진 곳에
뙈기밭 몇 평을 얻어
땀방울을 콕콕 심고 돌아온 날 밤
그 밤하늘에선
별들이 손뼉을 쳐도 요란스럽게 쳤다는
증거가 두 서넛 있습니다

흙이 입덧을 하기 시작하면서
햇살과 바람과 비까지 신맛나게 달려들어
깨꽃을
깨끗깨끗
다닥다닥
피워낸 거 있고요

시들어진 입덧 뒤엔
식욕이 어찌나 펄펄 살아났는지
깨밭은
고양이 새끼쳐도 모를
그런 징한 세상 만들어 놓고도

그것도 모자라서 어깨 짜고 넘어지는
시늉까지 하고 있습니다

이제는 입맛 다실 것 더 없어도
날마다 그 참깨 밭에선
깨알들의 몸 비트는 소리가
꿈결에도 고소하게 들려오고 있습니다.

묵은 수첩

나는 아직도 지우지 않고 있네
차마 먹줄을 주욱 그어
그대 모습 지울 수가 없다네
펼치기만 하면
그 순간 화들짝
내 눈썹 끝에 매달려
이슬로 젖어드는 그대
그대는 새파랗게 웃고 있구나
그대는 새파랗게 울고 있구나
이승을 한 치도 헐지 않고 동행하면서
나는 언제까지나 그대를 먹줄로
주욱 긋지 않을 생각을 하고 있을지
그 생각조차도
먹줄로 주욱 그을 수가 없다네.

어둠 속에 누워있으면

마흔아홉 해에 황방산 너럭바위 등지고 가신
아버지의 기나긴 세월
무거운 등받이 이야기가
이처럼 먹빛이었을 거라는 사실을
아무도 일러주는 사람 없어도
나는 알고 있습니다

어쩌다가 솟을대문 달아놓고
번들거리게 드나들던 늦은 밤도
술상 위에 떨어진 뿌연 등잔불빛이
어째서 무당춤을 추었는지
어둠속에 가위눌려 있으면
비로소 날빛처럼 알아집니다

천수답 팔아 떨어진 몇 푼으로
어머니에게 미역국도 끓여 주시고
옥색고무신에
놓지기 버선코 맞춰 꺼내놓고

푸른 나들이도 꿈꾸셨을 그 눈물이
오늘은 강물로 넘쳐나서
내 마른 가슴에 테를 매게 합니다

이렇게 어둠속에 누워있으면
빗장도 걸일 없는 하늘문사이로
아버지의 호락질하는 시간도 보입니다

가족사에서 난리나는 걱정까지 안고 가신
아버지의 한숨이
토막토막 마당 밝혀 보입니다.

정 없다

늙은 홰나무 한 그루 서 있고
그 아래 음습한 그늘을 깔고
갈비뼈가 튀어나온 누렁이 한 마리가
조을고 있다

무슨 흉몽이라도 꾸고 있는 건지
가끔씩 고개를 좌우로 돌려
고쳐 눕는 꼴이
나도 자다가 가위눌리면
저럴까 싶었다.

대타代打

나는 이 강산 숨 붙이고 살면서 누구의 쓰라린 눈물 한 방울이라도 훔쳐 줄 대타 노릇이나 할 수 있을까 빈 땅 쑥골 밭에 엎드려 한 세상 정중하게 술을 드시던 아버지의 대타 노릇도 못하는 주제에 나는 이 강산 누구의 복통을 쓸어 줄 대타 노릇인들 할 수 있을까 이 땅의 어질병을 척살하기 위하여 깎아도 깎아도 무디게만 패이는 대창 하나도 내 것으로 만들 수 없는 여리디 여린 손목 천 만번 몸부림쳐도 안되는 일을 한 번쯤 흉내라도 낼 수 있는 대타가 나는 될 수 없을까 오늘은 어느 심산 목질 좋은 박달나무 밑에 오줌을 누면서 어서어서 뭉치되거라 이 땅의 지랄을 쳐낼 수 있는 그런 꿈을 대타로라도 꿀 수는 없을까.

새벽길 떠날 때

오랫동안 벽에 붙어 살던
아버지의 낡은 외투 벗겨 입고
무서리 덮인 동구 밖을 나설 때
발부리를 찬찬히 살피던 새벽 별빛이
선잠을 털며 나를 따라나섰다

길 아닌 길을 골라 조심스럽게
깜깜한 구릉을 빠져 나서자
식은 땀에 젖어 김이 피어오른 눈썹 아래로
허깨비 되어 안개발에 잡힌 듯
지나쳐 온 길은
온데 간데 없이 사라졌다

하루도 안 걸려 돌아올 나를 두고
무슨 땅덩어리라도 떼메고 올 사람인 양
문밖까지 눈이 부시도록 기다리는
어머니의 깊은 밤도 있었다

오늘 나는 늙은 아비가 되어

아버지 없는 방에 외투를 걸어놓고
어머니가 기다리던 눈부신 밤의
눈물이 되고 싶어도
욕기부려 길 떠날 일 없어
새벽별만 혼자서 문밖에 서 있다.

끌

빛의 전령이 어디까지 파고 들어야
어둠의 끝에 비치는 머리카락 보일까
잡히지 않는 허물이며
그 사이에 박혀있는
옹이의 반란

끌은 끝내
어둠을 찍어 내어도 어둠 끝에선
어둠과 만나는 피 끓는 어둠밖에 없다

얼마쯤 달래며 내려가야만
어둠의 이마에서 불티 날리는
광맥같은 피돌기를
도려낼 수 있을까

끌은 제 몸으로 어둠을 부셔
죽도록 어둠만 만든다.

물꼬

넘어가야 산다는 이치를
알고부터
물이 되어
물을 뒤집어 쓰고 싶었다
그러나 나는
물보다도
물의 통로가 되어
길게 엎디어 주고 싶었다.

곡哭 왕소나무

일만 만萬자와 이룰 성成자가 모인 마을이라서 무슨 일이든 못 이룰 게 없을 거라는 그 황방산 밑에 죽어도 죽지 않을 것 같던 왕소나무 한 그루가 오래오래 살다 가셨다 거북등 같은 용비늘 사이에서 사철 용 냄새가 진동하던 어느날 모진 천둥소리에 업혀 용씨 하나 천년을 묻어두고 혀를 차던 사람들 뒤로 한숨 지며 정중하게 가셨다 그 먼 옛날 독바늘만 했을 때 할아버지의 할아버지 짚신 뒤꿈치에 눌려 앉은뱅이로 주저앉을 뻔했어도 명줄을 질기게 타고 나셨다 부지깽이만하게 자라서도 뉘 집 부엌 귀신으로 들어가 새까맣게 그을러 죽을 요절 팔자도 아니셨다 눈썰미 좋은 머슴 손의 황새목낫에 치일 작대기의 운명으로도 걸려들지 않으셨다 한마당 속곳 빨아 하늘을 치받던 바지랑대만하게 커서도 끄떡 없었고 노랑꽃가루가 날리던 변성기에도 시퍼런 도끼날을 날렵하게 비껴 살으셨다 그러다가 모진 설한풍을 앞세운 징그러운 세상이 모셔가던 날 왕소나무는 온 마을에 용비늘을 튕겨 무서워라 무서워라 한 바작씩 용비늘을 튕겨 우리들은 가슴 깊이 철갑이 뚫어지는 소리로 울었다 지금도 그 영토에선 낮이나 밤이나 용 냄새가 검붉게 피어오르고 있다.

각자 잠자러 가던 날

가진이가 그랬다 사람은 자기 집으로 가서 각자 자야한다고 동물들도 각자 제집으로 가서 잔다고 두말 없이 가던 길을 째고 나서는 갈림길이 서운하다 각자란 말이 무슨 뜻인지도 모를 유치원 손녀 가진이는 제 말대로 제집으로 나는 내 집으로 가서 각자 잤다 동물과 달라지기 위하여 가진이 말대로.

소낙비

내리다가 멈추다가
멈추다가 내리다가
변덕이 심한 하루

그대 내리는 심사
그대 멈추는 심사

그걸 알면 나도 오늘
찔레꽃 넌출 기듯이

가다가 멈추듯이
멈추다가 가다가

생트집 하나 없이
그렇게 살 것 같은 하루.

밥 없다 · 1

긴긴 봄날
햇살은 황사 속에 묻히고
자운영꽃 속터지게 웃는
전주 이십 리 자갈밭길에선
배주린 황소
어금니 깨무는 소리가 났다
산비알 묵정밭에 나가 아무도 없는
빈집은
처마가 썰렁하게 고개 숙여 조을고
어둑한 살강 위
쑥죽 투가리에 비친 얼굴이
수세미처럼 미웠다.

겨울이면

어디 외진 산골짜기
하루에도 몇 번씩
퇴창문을 밀치고
함박눈이 바작으로 빠지기를
기다리는 불먹은 친구 하나 없을까
붕어빵 사 들고 가
붕어빵보다 시시한
하급 이야기나 지껄이다가
삭정이 태워 끓는 골방
아랫목에 다 된 육신 팽개치고 돌아와도
몇 날이고 찾아가라 다그치지 않을
그런 친구 둘도 말고
하나 없을까.

여덟

어머니, 제 방식대로입니다

목어木魚
자랑
사진 이야기
묘지
석상달마石上達磨
모기의 나라
들것위에 핀 녹두꽃
슬픈 논객論客
그길
먼지
부음 · 2
파지破紙 · 1
파지破紙 · 2
파지破紙 · 3
모자라는 마음
어머니께

목어木魚

나는 아직도 숨을 멈추지 않았다네
하늘보다 큰 뱃구레도 하나 있다네
살갗 헐어지지 않도록 사랑의 말씀 매어주는
바람 한 점만 있으면 그만이라네
그리고 날마다 누군가가 나를
피 비치게 장단 맞춰 두들겨서
이 세상 힘없이 주저앉은 서러운 것들의
오금만 펴 세울 수 있다면
난들 벗겨지고 찢어지는 생살을
뜬 세월에 맡겨둔들
무슨 한 있으리
나는 아직도 멈추지 않고 있다네
질기디 질긴 이 땅의 한숨을.

자랑

저기 마을 초입에
은행나무 두 그루 보이시지요

암 수입니다

이백하고도 더 쉰살은
잡수셨다고 그럽니다

“마을에 저리 큰 나무가
오래 살아 계시다는 것은
그 옛날 어지신 한 분이
살고 가셨다는 증거라네”

저희 마을이옵니다.

사진 이야기

언젠가 넉넉한 마음으로 기념사진을 찍어놨는데 영정 사진이 돼버린 아버지 어머니가 거실 벽에 야트막하게 기대계십니다 매사에 저하는 짓이 눈가에도 안차시는지 이것저것 마음 고랑을 곧게 잡아주십니다 아버지는 흑백시대의 거주민으로서 가파른 보릿고개의 지번을 고수하고 계시고 어머니는 천연색 시대의 개방주의를 표방하고 계십니다 어느 날 누가 와서 눈썰미있게 보더니 어쩌자고 나란히 모셔드리지 않고 세 발치나 떨어져 외로움을 타게 하시기냐고 핀잔을 주었습니다 동갑내기인 아버지는 마흔아홉에 섭섭하게 가시던 길을 멈추셨고 어머니는 아흔에 좀 쉬시겠다고 가셨는데 나이 차이가 나도 사십 년이나 나서 그랬다고 그냥 얼버무렸습니다 그랬더니 나이 차가 무슨 대수냐면서 요즘 세상에 촌스럽게 흑백은 또 어디 있으며 연하남도 쌔버렸다고 해서 눈을 동그랗게 뜨고 웃었습니다.

묘지

—소설가 최명희의 묘지 앞에서

사위는 붉은 궁성처럼
눈이 부셨다

관은 그 내성 깊이
산 자의 힘을 빌어
은모래 위에
가뿐히 내려앉았다

그 후로
명희明姬의 긴긴 잠의 높은
베개 맡으로

모국어를 짊어진
그리운 그림자들이
물잠자리 날개 치듯
조심스레 스쳐갔다.

석상달마石上達磨

이제 그만 내려오시지 그래요
일어서서 한 발짝만 눈 아래 드시면
세사에 짓밟혀 누더기 된 흙이요
흙에서 또 무엇이나 일궈 먹고 사는
뭇 사람들의 발자국소리
애잔하게 들리실 텐데요
일월의 운행도 잊으신지
하 세월
가부좌 밑에 달궈져
한몸이 된 돌 한덩이가
노을빛으로 펄펄 끓고 있는데
언제까지나 먼 별빛만 헤아리고 계시긴가요.

모기의 나라

지난 여름 나는
모기의 나라 사람으로
그 치안 밑에서 주눅 들어 살았다

밤마다 정복자의 출렁이는 깃발이
얼굴 가득 해일처럼 덮칠 때
나는 콧등을 낮추고 숨을 죽였다

적당히 타협하며
심장 한 켜를 선선히 내어줄 것인가
아니면 완강히 거부하면서
짜부라진 콧대를 다시 세울 것인가

나는 한 세기의 아까운 밤을
그렇게 쪼다처럼 설치며 살았다.

들것위에 핀 녹두꽃

녹두장군이 곧추앉아서 가네
녹두장군이 시퍼렇게 눈을 뜨고 가네
청솔가지 들것 위에 목숨 묶여
거친 땅 거친 숨소리 뒤에 두고
세상이 이래서는 아니 되느니라
세상이 그럴 수는 없느니라
허허허허 헛기침 날리며
가는 길이 보국輔國인가 안민安民인가
손사래도 없이 흥청흥청 바람 몰고 가네.

---

* 전주시립국악단에서 연주한 칸타타 〈전주여, 영원하라〉 중에서

슬픈 논객論客

1945년에서 2008년까지
그렇게 살다가 서둘러 총총히 갔어 그것도 무슨 궤적 하나 이 땅에 남기고 가려 그랬는지 칼럼집 〈이승의 악몽〉을 빚어놓고 울긋불긋한 상장喪章도 하나 없이 빈 하늘가 손사래만 치며 갔어 그저 삶의 관성에 따라 하루하루를 야금야금 갉아먹고 살아왔다고 술회한 슬픈 논객 "건방지고교만하고나태하고이기적이고탐욕스럽고" 온갖 악덕의 찌꺼기만 남았다고 술회하던 슬픈 논객 늦었지만 이제는 "낮추자만만해지자너그러워지자웃어버리자허황꿈접자감사하자기뻐하자"고 노래처럼 되뇌던 슬픈 논객 그날 마지막 떠나는 마당을 안쓰럽게 살피고 다니던 신부님 한 분이 계셨어 그 곁에서 눈물 글썽거리는 치상致相에게 물었어 누구시냐고 슬픈 논객이 평소 신부님들 가운데 오직 한분 마음 쏟아 모셨던 신부님이라고 했어 그 신부님은 슬픈 논객이 아는지 모르는지 잠자는 슬픈 논객 옆에 함께 앉아 승화원까지 가서 뜨거운 뼛가루 식기 전에 집어다가 납골당으로 가는 길까지 지켜주신다고 했어 산 자와 죽은 자와의 사이에 어쩌면 그렇게도 아름다운 동행이 있을까 싶어 가슴 뭉클했어 슬픈 논객을 보내고 뒤돌아선 호현浩鉉 종량鍾湸 이택伊澤과 나는 한동안 아무 말도 꺼내지 못했어 누가 먼저 울먹일까봐.

* 언론인 박준웅朴俊雄이 이승을 떠나던 날.

그길

길을 가고 있네
어둠이 장막처럼 밀려오고
어둠이 장막처럼 밀려가도
그길 따라 고개 끄덕이며 말없이 가고 있네

그길 따라 분별없이 함께 가던 사람도
어둠이 어둠밖에 또 있거나 없거나
그냥 고개 숙여 순응하며
말없이 가고 있네

먼 훗날도
그길 따라 가던 사람도
그길 따라 함께 가던 사람도
어둠이 어둠인 줄도 모르고
그 길이 그 길인 줄도 모르고
말없이 또 가고 있을 것이네.

먼지

아내는 언제부턴가 먼지를
쓸거나 훔치거나 닦아내는 게 아니라
아예 손바닥을 눕혀서
다시는 거들먹거리지 못하게 내동댕이친다
거기 몸뚱어리 어디쯤 내란을 치르고
처절한 침묵 속으로 떨어져 나간
나의 각질더미도
실눈을 뜨고 아내의 주먹질을
겁먹은 채 지켜보고 있다
끝내 죽지 않을
그래서 언제든지 근성을 되살려낼 소지가 있는
그들은
나를 향해 아내의 더 깊은 전략을
읽어내려 하지만
나는 어디까지나 아내의 편
먼지는 끝끝내
머리 풀어 풀풀거릴 궁리를 하고 있다.

부음 · 2

마당 한 모서리
감나무 그늘 밑에서
가랑파를 다듬고 있는 아내에게
방금 걸려온 전화
어젯밤 아무개가
잠자듯이 가셨단다고 했더니
아내는 나를 힐끔 한번 쳐다보고는
그 흔한
'아이고' 소리 한마디 없다

아내의 손가락 끝에 걸려있는
파뿌리가 유난히도 길고
하얗게 보였다.

파지破紙 · 1

이 세상
버릴 것이
어디 그뿐이겠는가

험상궂게
더 이상 구겨지기 전에
어서어서 나도 버리자
버리자
버리자.

파지破紙 · 2

윤전기가 생산한 미숙아는 눈도 없고 귀도 없다
그래도 입만은 살아서 투덜거리는 세상에 대고
피 튀기는 언설言說 한마디쯤 해댈 줄 알았는데
그마저 없어 서럽다

파지를 줄일 수는 없느냐고
파지를 먹고 사는 군상들도 있다고.

파지破紙 · 3

아예 시시비비是是非非로 태어나지 말았어야 했네
이 몰골로는 그대 눈 빠지게 기다리는 문전에
도달할 수 없을 것 같네
꺾어진 관절이며 문드러진 안면으로
어찌 그대 무릎 위에 걸터 앉아
세상사 안위를 살피게 할 수 있겠는가
고맙게도 나를 허상이라 불러주게
그 허상으로 불러주는 날
어느 가난한 수레에 누더기로 실려 갔다가
그대와 다시 입 맞추게 될
재생의 나라로 되돌아 올지 누가 아는가.

모자라는 마음

살아가면서
누구 한 사람
서운하게 한일 없는지
돌이켜 보거라

한 켜 한 켜 뜯어보면
분명히 서푼어치도 안 되는
모자란 마음이 저질러 놓은
불씨 하나가
상기도 삭지 않아

음산한 밤
전설속의 외딴집 처마 밑처럼
등피 하나가 깜박일 것이네.

어머니께

이승에서 어머니도 보셨습니다 구릉에 남아있는 논 한 다랑이가 망초꽃밭으로 묵은 채 몇 년을 두고 그들 세상이 돼버린 잔치머리를 어쩌지 못해 눈감아 주었더니 더 좋아라 얼싸절싸 춤추지 않았습니까
오늘은 당신에게 꼭 들려줄 이야기가 있어 망초꽃 핀 들판으로 당신의 은가락지 낀 손가락을 꼭 쥐고 나들이 갑니다 그런데 저렇게 지천으로 핀 망초 꽃들이 제 각각 키를 흔들며 무슨 생각들을 하고 있는지 나도 당신에게 풀어내야 할 이야기가 막상 가닥이 잘 잡히지 않아 심장을 줄세워 추스려 봅니다
멀리서 가까이서 서로 기대며 비비며 부대끼며 살아가는 망초꽃들의 허리띠 밑으로 바람이 몸을 낮추는 걸 보니 무슨 엿들을 수 있는 이야기가 있을 것 같습니다 나도 당신의 귀밑으로 입을 낮추어 가까이 다가서렵니다
이런 날은 당신도 키를 낮춰주면 바람이 그랬듯이 나도 망초꽃 망울망울 겨드랑이 곁으로 서게 되고 비로소 그들이 이 땅에 새끼들을 치고 살면서 때로는 넘어지거나 꺾어지거나 한숨짓거나 숨을 멈추어 하늘나라로 잦아지며 겪는 고난의 역사를 들을 수 있을 것도 같습니다
그렇듯 오늘은 나도 당신에게 늘 곧추서지 못한 채 망초꽃들이

제 그늘 밑에 주저앉아 울던 무수한 나날들처럼 몇 번이고 바닥
쳤던 나의 시련의 눈물을 들려드릴 수 있으려니 싶습니다
당신은 날선 칼날 하나 들지 못하는 나의 허약 때문에 망초꽃
진지도 넘어뜨리지 못하는 무능하고 계책없는 사람이라고 생각
했을진 몰라도 나는 망초꽃 나라의 정복자가 되느니보다 망초
꽃과 동맹자가 되어 한눈을 팔면서 그 나라를 더욱 부강케 한
실은 어머니에겐 허상과 같은 사람이었습니다
어디 가나 하얀 망초 꽃만 보면 나를 향한 당신의 기막혀하는
눈빛이 아프게 꿰뚫고 들어 나를 또한 서럽도록 옥죄었습니다
이제는 당신도 거기 흐드러진 망초꽃대 하나 붙들고 서서 어쩔
수 없는 나의 허허로운 영토를 물끄러미 지켜보고 계실 줄 압니
다 어머니, 죄송합니다 제 방식대로입니다.

아홉

사회부 · 3 · 4 · 6

사회부 · 3
—조간신문을 읽다가

밤새 달려와
새벽녘에 내렸다
전신이 땀에 젖어
눅눅했다
눈꺼풀을 비비던 별 몇 개가
기웃거렸다
나는 탁자 위의 커피 잔을 비운 다음
차례대로 시력검사를 받고
청력검사도 받았다
이상이 없다가 아니라
이상이 있다였다
나는 활자가 뒤죽박죽 된 신문지를
가부좌 틀듯 구겨서
가스 불에 던졌다
불꽃들이 힘차게 만세를 불렀다.

사회부 · 4

"사회부 기자들은 지프jeep 앞에 매달린 사기社旗가 실실이 찢어져 뼈대만 남아서 그 형상을 알아볼 수 없을 때까지 눈보라비바람과 억척스럽게 싸우며 뛰고 달려야 하느니라."

그 호랑이 논객論客은
오늘도 청산靑山에 술 드시고 앉아서
이 땅을 누비고 다니는
저 깃발에 대하여
백점 만점滿點에 몇 점이나 주실까.

사회부 · 6

내 이름은 성性이랍니다

하늘도 예뻐하시고 땅도 예뻐하시고 물론 해님도 좋아하시고 달님도 좋아하시고 그리스도님도 좋아하시고 석가모니님도 좋아하시고 공자님도 좋아하시고 나무나무나무도 풀도풀도풀도 꽃도꽃도꽃도 나비나비나비도 바람바람바람도 좋아하십니다

내 이름은 치자빛 옥돌에 새긴 성性이랍니다

그대만 귀신 같은 뿔 들이대지 않는다면
내 이름 성性은
이 세상에서 가장 아름답고 성스러운
그대 나라의 여왕이 될 것입니다.

둥지에서

올려다보면
천국이고
내려다보면
지옥이다

눈 감으면
별밭이고
눈을 뜨면
똥밭이다.

선생님

교실에는 무쇠난로가 발갛게 웃고있다

그 둘레에 엉겨붙은 아이들은
열 손가락을 부챗살처럼 펼쳐
제 몸을 골고루 굽고 있다

여기저기서 들깻대 타는 냄새가
고소하게 번졌다

한 아이가
제 몸뚱이를 자반처럼 뒤집더니
이윽고 잘 익은 살굿빛이 피어오르자
쏜살 같이 뛰쳐나갔다

갓난이가 잠들어 있는 방안은
온통 살구꽃 냄새가 진동했다.

저자 김남곤金 南 坤

- 김남곤은 1937년 전북 완주군 조촌면 만성리 702번지 두현부락(황방산 말고개)에서 아버지 김용진金容振과 어머니 이현숙李賢淑의 6남매 가운데 맏이로 태어났다.
- 1979년 〈시와 의식〉으로 등단, 전북문인협회 회장과 전북예총연합회장을 지냈으며 한국문인협회이사, 한국예총이사를 거쳤다.(그러는 사이 전북일보 문화부장, 제작국장, 업무국장, 편집국장, 수석논설위원, 전무이사, 대표이사 사장을 지내기도)
- 시집 ≪헛짚어 살다가≫ ≪푸새 한 마당≫ ≪새벽길 떠날 때≫ ≪녹두꽃 한채반≫
- 시선집 ≪사람은 사람이다≫
- 산문집 ≪비단도 찢고 바수면 걸레가 된다≫
- 컬럼집 ≪귀리만한 사람은 귀리≫가 있다.
- 전북문학상, 전북문화상, 한국문예상, 목정문화상, 진을주문학상을 받았다.

전화 : 063-282-0374

H·P : 010-6638-7320